COMPLÉMENT

DES BASES

DE

L'ART DU CHANT

GUIDE SPÉCIAL

À L'USAGE DES JEUNES CHANTEURS, DES AMATEURS

ET DES ORPHÉONS

PAR

L.-A. HOLTZEM

ARTISTE LYRIQUE, LAURÉAT DU CONSERVATOIRE IMPÉRIAL DE MUSIQUE

ET PROFESSEUR DE CHANT

« Je plie et relève la tête
« S'il est des jours amers, il en est de si doux !
« Hélas ! quel miel jamais n'a laissé de dégoûts ?
« Quelle mer n'a point de tempête ? »

ANDRÉ CHÉNIER.

PRIX : 2 FRANCS

PARIS

CHEZ GIROD, ÉDITEUR DE MUSIQUE

Boulevard Montmartre, 14

CHEZ TOUS LES ÉDITEURS DE MUSIQUE DE FRANCE

ET DE L'ÉTRANGER

1867

COMPLÉMENT

DES

BASES DE L'ART DU CHANT

Lyon, imp. du *Salut Public*, BELLON, r. Impériale, 33.

COMPLÉMENT

DES BASES

DE

L'ART DU CHANT

GUIDE SPÉCIAL

A L'USAGE DES JEUNES CHANTEURS, DES AMATEURS

ET DES ORPHÉONS

PAR

L.-A. HOLTZEM

ARTISTE LYRIQUE, LAURÉAT DU CONSERVATOIRE IMPÉRIAL DE MUSIQUE

ET PROFESSEUR DE CHANT

« Je plie et relève la tête
« S'il est des jours amers, il en est de si doux !
« Hélas ! quel miel jamais n'a laissé de dégoûts ?
« Quelle mer n'a point de tempête ?. »

ANDRÉ CHENIER.

PARIS

CHEZ GIROD, ÉDITEUR DE MUSIQUE

Boulevard Montmartre, 14

ET CHEZ TOUS LES ÉDITEURS DE MUSIQUE DE FRANCE

ET DE L'ÉTRANGER

1867

AVIS DE L'AUTEUR

A cette brochure qui complète mon travail sur l'art du chant, j'ai joint quelques lettres que le lecteur pourra apprécier, et j'ai cru devoir terminer par l'hygiène de la voix, empruntée au *Traité des maladies et de l'hygiène des organes de la voix*, du docteur Colombat (de l'Isère.)

Bruxelles, château de Laeken, 5 mai 1865.

Monsieur HOLTZEM

Artiste du Théâtre Royal de la Monnaie.

Monsieur,

Son Altesse Impériale et Royale Madame la
Duchesse de Brabant me charge de vous remercier
du livre de votre composition que vous avez eu la
gracieuseté de lui envoyer.

Son Altesse Impériale, qui est excellente musi-
cienne et dont la bienveillance s'étend tout particulièrement sur les artistes du Théâtre Royal de
la Monnaie, a parcouru votre ouvrage avec le
plus vif intérêt, et en est restée très-satisfaite ;
cet intérêt ne fera qu'augmenter, j'en suis sûre,
quand Son Altesse pourra le lire attentivement,
mais elle a désiré que je vous exprime tout de suite
sa satisfaction.

Je suis, Monsieur, avec la plus parfaite considération.

Marquise H. DE TRAZIGNIEZ.

16 octobre 1865.

MONSIEUR HOLTZEM

Artiste au Grand Théâtre de Lyon.

Je vous remercie, cher Monsieur, d'avoir bien voulu m'envoyer un exemplaire de votre livre sur les *Bases de l'Art du Chant.* Je l'ai lu avec un vif intérêt et je me plais à reconnaître qu'il renferme d'excellents conseils. Permettez-moi seulement de vous trouver bien sévère pour notre Conservatoire, qui n'est point cause du mauvais goût auquel on n'est que trop porté aujourd'hui.

On peut regretter avec vous que l'unité d'enseignement ne règne point dans les classes de notre première école de musique, et que les études y soient trop ébauchées; mais il y aurait injustice, ce me semble, à rendre le Conservatoire responsable des tendances exagérées et de l'amour du cri que vous reprochez avec raison à la plupart de nos chanteurs, tendances funestes contre lesquelles il lutte de tout son pouvoir, je puis vous l'affirmer.

A cette réserve près, je suis heureux de n'avoir que de sincères félicitations à vous adresser.

Agréez, cher Monsieur, les meilleurs souvenirs de votre tout dévoué.

Ambroise THOMAS.

27 octobre 1865.

MONSIEUR HOLTZEM

Artiste au Grand-Théâtre de Lyon.

CHER AMI ET CHER ÉLÈVE,

J'ai reçu, il y a environ un mois, le livre que vous m'avez adressé. Retardé par mon retour de la campagne et un peu d'indisposition, je n'ai pu plutôt vous en accuser réception et vous en faire connaître mon opinion.

Je l'ai parcouru un peu à la volée, surtout les premiers chapitres, mais suivant votre recommandation, je me suis appliqué au chapitre troisième, qui m'a particulièrement intéressé, et dans lequel j'ai trouvé des éléments sérieux et capables de conduire l'élève dans la véritable voie.

Je vous félicite, mon cher élève, de votre travail ardu et difficile, et je crois que son adoption serait d'un grand prix pour tous ceux qui ont à cœur de devenir de *véritables artistes*, ce que je souligne avec intention.

Recevez, avec mes compliments, l'assurance de toute mon amitié.

PONCHARD père.

Paris, 14 janvier 1866.

MONSIEUR HOLTZEM

Artiste au Grand-Théâtre de Lyon.

MONSIEUR,

L'ouvrage que je viens de donner à l'Opéra-Comique ne m'a pas laissé un moment de liberté. C'est pourquoi je m'y prends un peu tard pour vous remercier d'avoir bien voulu m'envoyer votre livre. Il renferme d'excellentes observations sur ce grand art du chant, dont malheureusement on perd tous les jours les bonnes traditions. Ce n'est pas le Conservatoire qui est coupable, mais le public. Son indulgence est la cause de cette décadence. Il est donc très-heureux que des artistes comme vous signalent le danger et montrent la route.

Veuillez agréer, Monsieur, mes compliments les plus empressés.

FRANÇOIS BAZIN.

CHAPITRE ADDITIONNEL

DU STYLE DANS L'INTERPRÉTATION
DE LA MUSIQUE VOCALE

Les encouragements que j'ai reçus de la presse, des artistes et des amateurs lors de ma première publication, m'ont suggéré l'idée de compléter mon ouvrage, en y ajoutant, toujours au point de vue élémentaire, quelques notions sur le style.

Dans le chapitre deuxième j'ai cherché à prouver combien il est nécessaire d'être musicien pour devenir chanteur.

Dans ce chapitre additionnel, je voudrais montrer combien il importe de conserver à la langue chantée toute sa pureté, si l'on veut être entendu; indiquer les moyens à employer et les défauts à éviter pour atteindre ce but. Je voudrais inspirer le goût du style, le respect du langage musical; je voudrais faire comprendre l'utilité d'une étude sérieuse des poèmes confiés aux musiciens, et de la manière dont ils ont senti et rendu l'inspiration. Sans cela, tout art, toute poésie disparaissent dans l'interprétation des divers auteurs, et quant l'art a disparu, il ne reste plus qu'un métier.

Nous sommes à une époque où l'indulgence pour le médiocre, pour le mauvais même est sans bornes ; où le côté matériel a complètement pris la place de tout ce que l'art du chant a de noblesse et de distinction, et cela, aussi bien en France qu'en Italie :

> La voix est tout !
> Le style n'est rien !

Ce n'est plus la science, c'est le dévergondage, la démence du chant qui a pris racine à peu près partout.

Ce n'est pas une raison pour désespérer de l'art, et ceux qui l'aiment véritablement doivent s'efforcer de ramener les esprits vers l'idéal, vers la poésie et de faire renaître parmi les artistes la conviction et la foi, qui seules enfantent le vrai talent. Puissent mes faibles efforts amener les vrais disciples de l'art à se reconnaître, à se grouper, et leur action salutaire finira par triompher du mauvais goût.

Des tentatives couronnées de succès (*les Concerts populaires*), ont démontré que les masses sont très-accessibles à ce qui est vraiment beau. Les exhibitions des *Cafés Concerts*, les chanteurs et les chanteuses de *La Chope*, la fameuse *Femme à Barbe* élevée à la hauteur d'une création par certains dilettantes, n'ont pu pervertir l'instinct populaire, que le bon sens et un admirable instinct artistique conduiront toujours sûrement vers le beau et le vrai. Cette réaction n'atteindra-t-elle pas les classes supérieures? Que les artistes, dignes de ce nom, s'efforcent de diriger le public dans cette voie, et bientôt un sincère enthousiasme les récompensera amplement.

Je me propose de les aider à atteindre
ce noble but par le travail que j'entre-
prends et que je diviserai en quatre
paragraphes.

§ I. De l'Articulation.

§ II. De la Respiration réglée.

§ III. Du Respect de la langue musicale
et des Règles mélodiques.

§ IV. Considérations générales.

§ I

DE L'ARTICULATION

—⸱⸱✳⸱⸱—

Articuler, c'est prononcer nettement, facilement chaque syllabe, sans affectation, de manière à être compris par un nombreux auditoire dans une enceinte vaste, telle qu'une salle de concert ou un théâtre. C'est prononcer chaque mot sans altérer le son des voyelles, afin de se rapprocher le plus possible, en chantant, de la parole dans le discours.

Il est de mode aussi bien à Paris qu'en province, à part de trop rares exceptions, de dénaturer les voyelles et de se rendre incompréhensible, sous prétexte d'arrondir et d'augmenter les sons.

Il n'y a pas très-longtemps, qu'au Théâtre-Lyrique, j'ai pu entendre un jeune débutant, sortant du Conservatoire, prononcer ainsi :

L'imageo do ma mèreo !

pour,

L'image de ma mère !

Il changeait toutes les syllabes muettes en *o*, bien qu'il soit de règle de les adoucir, et dans bien des circonstances de les éluder au lieu de les faire sentir durement.

Il est de tradition que les basses profondes, pour donner plus de timbre aux sons graves, doivent changer les *eu* et les *è* ouverts en *a :*

Pa-ta-tra !

pour,

Peut-être !

Lo volé-vo !

pour,

Le voulez-vous !

Aillars ja vos a veu !

pour,

Ailleurs je vous ai vu !

D'autres prononcent :

Jeu tembleu d'avançeu !

pour,

Je tremble d'avance !

Je pourrais multiplier les citations.

Je les épargne au lecteur, mais je demande s'il est possible de comprendre un pareil *charabia*? On écrase le son, on contracte le larynx, pour obtenir un très-mauvais résultat, tandis qu'en agissant par un grand relâchement des organes vocaux, le timbre deviendrait plus fort, plus agréable, et permettrait une articulation nette.

Si l'on était tenté de croire que j'exagère, on se tromperait.

Qui entend ce qui se chante, même à Paris, même à l'Académie Impériale de musique? A moins de savoir la pièce par cœur, ou d'avoir le livret sous les yeux, on ne sait pas plus ce qui se passe et surtout ce qui se dit, que si l'on entendait une langue, étrangère. Quelle source d'intérêt est laissée à l'auditeur?

Des chanteurs qui ont un certain talent ne se préoccupent en tout et partout que d'une seule chose : *le volume de la voix*, et ils font abstraction complète de la netteté de la prononciation. Les aberrations de *l'Ecole du son* naissent du défaut de science, nous l'avons dit ailleurs, et aussi du mépris de la nature et de la vérité. Pour un succès éphémère, qui s'évanouira avec le mauvais goût que l'on flatte aujourd'hui, on laisse de côté la mission de l'artiste, et l'on foule aux pieds sa dignité.

Ce triste état de choses peut-il être uniquement attribué aux artistes? Nous ne le pensons pas. Trop souvent, et c'est là un mal sur lequel nous ne devons pas craindre d'insister, les professeurs poussent leurs élèves à dénaturer la langue, toujours pour obtenir un plus grand volume de voix.

Que dirait-on, que penserait-on d'un orateur qui, sous prétexte de donner plus de volume à sa voix, ne ferait entendre que des sons inintelligibles? Le chanteur, lui aussi, est un orateur, mais grandi par le charme que la musique ajoute à son discours. Par quel étrange privilége aurait-il le droit de

parler sans qu'on pût entendre son langage?
Pourquoi dans ce cas, ne se bornerait-il
pas à de simples vocalises? Voilà pourtant
le burlesque résultat auquel devrait logique-
ment conduire l'*école du son*.

Les coryphées de cet étrange système
seront depuis longtemps oubliés, tandis que
l'on parlera encore de Nourrit, de Ponchard et de leurs contemporains. C'est
qu'alors on recherchait, on cultivait l'art
véritable, si profondément négligé aujour-
d'hui par tant de chanteurs, qui auraient pu
se faire un nom en suivant une autre route.

Je viens de citer Ponchard.

Qui ne connaît la brillante carrière four-
nie par cet artiste éminent? Il avait pourtant
un défaut capital : il grasseyait. Mais, par
combien de qualités ne le rachetait-il pas?
Avec quel soin, avec quelle science conscien-
cieuse il étudiait ses rôles! Quel art il met-
tait dans son débit et dans la conduite de sa

voix! Comment s'étonner qu'il ait tenu toute une génération sous le charme de son talent? Et lorsque, déjà avancé en âge, il consentit naguère à donner une réprésentation de la *Dame blanche*, il chantait mieux que tous ses jeunes successeurs. Martin avait déjà réalisé avant lui ce que, de nos jours, on doit considérer comme une merveille.

Usés au bout de quelques années, nos chanteurs actuels, par cet étrange contraste, n'ouvriront-ils pas enfin les yeux à ceux qui doivent les remplacer, et aussi aux professeurs qui les poussent dans une voie fatale?

Il n'y a plus de Ponchard, pas plus que de Levasseur. Ce dernier n'a jamais pu être remplacé dans *Robert*, dans les *Huguenots*, dans le *Philtre*, ni dans aucun de ses rôles. Imiter les gros tuyaux d'orgue, faire concurrence aux chantres d'église, voilà le *nec plus ultrà* de la science et de l'art. Que nous sommes loin de ce qu'exprime si bien le docteur Perrin, de Lyon.

« Le chant comme expression de la nature intime de l'homme, reflète sa personnalité, son esprit et sa vie ; les sentiments qu'il éprouve, comme la force qui l'anime, les émotions de son cœur, comme les enivrements de son âme. »

(Extrait du discours prononcé par le docteur
Perrin à l'Académie de Lyon, 1855.)

Pour remplir les conditions du chant à un point de vue aussi élevé, pour atteindre à cet idéal, il faut du travail, de la docilité, de la discipline, et c'est ce que rencontraient autrefois les maîtres. Tout cela n'existe plus aujourd'hui. A quoi bon travailler? A quoi bon perdre son temps à la recherche de la vérité, de l'expression, de la sensibilité, lorsque tant d'autres s'en passent? Tel ou tel artiste est mauvais, se dit-on, et pourtant il tient l'emploi. Il est arrivé là sans peine, sans fatigue : je puis être toléré comme lui, puisqu'il n'en sait pas plus long que moi. Où peut-on aller avec un pareil raisonnement?

Un vrai chanteur doit pouvoir exprimer tous les sentiments, toutes les émotions, et les communiquer à un nombreux auditoire. Il n'y parviendra jamais s'il est exagéré dans la manière d'émettre le son; s'il n'a ni clarté, ni énergie dans l'articulation ; s'il remplace tout cela par des grimaces et des contorsions. Voilà où l'on arrive quand on n'a pas fait d'études sérieuses, et qu'on a sauté à pieds joints par-dessus les difficultés.

« Lorsque le chanteur, dit Garcia, n'a pas analysé avec attention le mécanisme qui produit les voyelles et les consonnes, son articulation manque d'aisance et d'énergie; il ignore le secret de conserver à sa voix le développement et l'égalité qu'il obtiendrait dans la simple vocalisation et il ne peut se servir à son gré du timbre propre à la passion qu'il exprime. »

Les exercices des sons posés et de toutes

les difficultés, en détail, et sur toutes les voyelles, sont une bonne préparation à l'articulation. Il ne reste après cela que le travail de jonction des consonnes aux voyelles.

Ecoutons encore Manuel Garcia, et empruntons-lui une partie de son travail sur les consonnes.

« On divise les consonnes, en explosives et soutenues.

« Les consonnes, et c'est leur caractère distintif, ne produisent aucun bruit avant l'explosion qui les fait entendre. Pour les former, les organes se mettent d'abord en contact d'une manière absolue, et après quelques instants de pression ils se séparent, et la consonne se fait entendre. Ces deux mouvements contraires et indispensables se nomment, le premier, la préparation, le second, l'explosion de la consonne. De ce procédé naissent les lettres p, f, t, c, k. Pendant la préparation, l'air est intercepté et s'amasse. L'explosion qui suit est d'autant plus forte que la préparation a été plus longue, et l'obstacle opposé à l'air plus complet. Cet effet est l'analogue de celui du coup de glotte pour l'attaque des sons.

« On range parmi les explosives, les lettres *b, d, g* dur. Sans ce retentissement ces trois lettres seraient confondues avec les explosives correspondantes *p, t, k.*

CONSONNES SOUTENUES.

« Ces consonnes produisent un siflement que l'on peut prolonger à volonté ; par exemple : *ch, x, s,* où bien elles font entendre un bruit continu, comme les lettres *m, n, gn, l, gl.* Les premières naissent du rapprochement des organes s'opérant de diverses façons, que nous n'essayerons pas de décrire ; les secondes exigent que les mêmes organes se placent dans un contact parfait. Ce contact ne saurait cesser sans qu'une sorte d'explosion se produise. Il s'ensuit que les consonnes qui nous occupent, ont, aussi bien que celles dites explosives, leur préparation et leur explosion. Le bruit qu'elles font entendre peut être facilement converti en un son musical.

« Ainsi transformé, ce bruit permet à la voix de se prolonger d'une syllabe à la syllabe suivante, et le chant y gagne beaucoup de largeur.

« L'élève doit se rendre exactement compte du point par lequel les organes se mettent en contact, et du mode d'action qui leur sert à former chaque consonne. Ainsi préparé, il saura restreindre ses mouvements aux seuls organes indispensables et assujétir ceux-ci à l'action la plus simple et la plus naturelle. »

Comme on le voit, l'articulation demande tout un travail, et la connaissance pratique de tout ce qui constitue le mécanisme de la prononciation.

Il ne faut pas craindre, en commençant, de bien mobiliser toutes les parties de la bouche, afin de donner la pureté de son aux voyelles, après l'explosion de la consonne.

J'ai pu remarquer que les élèves craignent d'exagérer l'ouverture de la bouche et surtout son écartement pour les voyelles fermées, *e*, *i*, ce qui fait prononcer du go-

sier et rend la voix gutturale. Il ne faut pas
craindre non plus le grand déplacement de
chaque voyelle ; c'est par ce moyen qu'on
peut arriver à un débit facile et à une grande
volubilité. L'articulation est donc, en grande
partie, ce qui constitue le talent du chanteur.

Les artistes et les professeurs ne sont pas
seuls responsables de la décadence à laquelle nous assistons. Depuis quelques années il y a tant d'indifférence de la part de
la classe éclairée, que le bon goût a pu disparaître, sans protestation de sa part, des
scènes lyriques. On ne sait plus juger un artiste, parce que, petit à petit, les bonnes traditions se sont perdues. Le public s'est habi-
tué, par défaut de comparaison, à entendre
sans murmures, à applaudir même ce qui
eût été sifflé autrefois. Si l'on n'a pas plus
respecté son oreille en musique, qu'on n'a
respecté ses yeux et ses mœurs en peinture
et en littérature, c'est qu'il l'a bien voulu.
Il faut frapper fort en tout genre.

Une voix forte assure le succès, malgré tous les défauts : un talent sérieux, avec moins de voix, conduit à une chute certaine.

Le public ne réclame plus ce qui devrait être pour lui un charme, une jouissance ; non, il lui faut des cris qui dominent le fracas des instruments de percussion. Aussi, les ignorants et les paresseux ont-ils beau jeu, et peuvent-ils profiter largement de la position qui leur est faite.

Certains traducteurs et compositeurs ont favorisé le défaut d'articulation et de prononciation. Il est des opéras, où l'artiste, qui comprend ce qu'il dit, est obligé de mâcher les mots pour faire disparaître le ridicule de la poésie. On peut citer dans ce genre, le livret du *Trouvère*, œuvre anti-vocale au superlatif et qui montre bien le goût du jour.

Une guerre implacable devrait être livrée

à l'ignorance, aux cris et aux sons suraigus qui en sont la suite, et l'on reviendrait bientôt au culte du vrai et du beau.

On a dit :

La raison parle, l'amour chante ; le chant en effet, est le langage du cœur, il rend plutôt les sentiments que les idées. Aussi les impressions les plus profondes prennent toujours la forme poétique ou musicale. (Discours du docteur Perrin.)

Si le chanteur est intelligent et s'il veut être compris de son auditoire, il ne se bornera pas à une bonne articulation, il y joindra le geste et ce jeu naturel de la physionomie, sans lesquels l'expression est toujours incomplète. Mais tout cela demande du travail, un travail considérable, et l'on ne sent pas le besoin de s'y livrer, parce qu'on peut obtenir le succès à moindres frais.

Disons pourtant encore qu'un des moyens pour bien articuler, c'est de placer la voix sur chaque syllabe d'un morceau, avant l'enchaînement et la mesure. Le résultat de ce travail est certain, car rien ne peut échapper à l'oreille.

En ayant soin de relâcher les sons aigus comme les sons graves, on trouve facilement les inflexions et les divers timbres propres à exprimer le sentiment du morceau.

Lorsque l'articulation est devenue nette, facile, on fait alors l'application dans le mouvement indiqué. C'est un exercice mécanique auquel il faut s'attacher tout particulièrement si l'on veut arriver à une grande flexibilité, et surtout à une grande pureté.

§ II

DE LA RESPIRATION RÉGLÉE

— · ᕮᏚᏟᏗ · —

Je ne saurais trop répéter qu'une grande
partie de la science du chanteur réside dans
l'emploi facile de la respiration. Les poumons, obéissant à la volonté peuvent, en
se dilatant, recevoir peu ou beaucoup d'air.
Ils font sur la voix et sur la vibration, l'office de l'archet sur les instruments à corde,
du soufflet sur l'orgue, et du soufle sur les
instruments à vent. C'est une observation

3

physiologique que tout le monde a faite, et dont on ne saurait tenir trop de compte en chantant. Le chanteur, en prenant un morceau de musique, s'occupera d'abord de chercher les endroits où il peut respirer. S'épuiser ou respirer mal à propos, voilà les deux écueils qu'il doit éviter. Le travail et la grande habitude le feront arriver à diviser sa respiration, selon les besoins de la phrase musicale, et aussi selon le sens des paroles.

Est-il nécessaire de dire qu'on ne doit pas respirer au milieu d'un mot? On ne doit pas non plus couper la phrase musicale, en plaçant la respiration à la fin d'une mesure, lorsque la phrase mélodique vient se reposer sur une note longue du temps fort de la mesure qui suit. Ce n'est qu'après cette note longue frappée qu'on peut prendre sa respiration, mélodiquement parlant. Au point de vue des paroles, il faut un sens complet, avant de prendre sa respiration.

On la divise : en une respiration entière,
qui peut représenter la valeur du soupir ;
en demi-respiration, qui représente le demi-
soupir ; enfin en quart de respiration, qui
représente le quart de soupir.

Lorsque la respiration est prise diaphrag-
matiquement, c'est-à-dire en laissant aux
poumons le jeu facile qu'ils ont dans la
conversation, on peut renouveler l'air facilement, et n'être jamais essouflé. Si, au contraire, on cherche à remplir les poumons,
au moyen de l'écartement des côtes et de
l'élévation des épaules, alors, on succombe
sous le trop plein ; la voix perd de sa vibration par le passage trop rapide de l'air sur
le larynx qui se dessèche, et le son devient
rauque et étranglé.

La respiration est donc l'action la plus
vive du chanteur. De la respiration dépend
le charme ou la sécheresse de la voix ; on
doit y apporter toute son attention.

Pour régler la respiration sur une mélodie quelconque, il faut d'abord examiner les points de repos indiqués par le compositeur.

Les cadences sont les repos naturels de la mélodie ; mais si la mesure ou le mouvement sont lents, il n'est pas toujours possible d'aller pendant quatre mesures sans renouveler la respiration, d'autant qu'il ne faut pas attendre l'épuisement du soufle, et qu'il faut en avoir à sa disposition lorsqu'on aspire de nouveau. On doit indiquer d'avance, les endroits les plus propres à respirer, et ne pas s'en écarter, pour ne pas nuire à l'ensemble de l'exécution du morceau. On ne peut se livrer à son inspiration que lorsque tout a été bien réglé.

C'est surtout dans un mouvement rapide et bien rhythmé, que la respiration devient plus difficile à régler. On doit savoir, dans un trait, supprimer une note, s'il le faut, afin de prendre sa respiration avec facilité.

On comprend qu'il est indispensable dans ce
cas, d'avoir quelques connaissances musicales. Il faut, si le trait vocalisé est long, savoir
quelle note peut être supprimée. C'est non
la note qui tombe sur le premier temps
de la mesure, mais celle qui vient après, et
qui est généralement une note de passage,
ou une broderie; s'il y a quatre doubles cro-
ches pour le temps, on peut supprimer la
note qui paraît être le moins nécessaire au
trait, attaquer vigoureusement celle qui
vient après, pour reprendre l'élan de la vo-
calise.

Comme nous ne donnons pas d'exemples
ici, nous engageons à consulter ceux de
Manuel Garcia, dans la seconde partie de
l'*Art du chant*, à la page 18.

Ce que l'élève doit chercher avant tout,
c'est d'arriver à prendre une demi-respiration ou un quart de respiration, avec assez
de facilité et d'habileté pour que l'auditoire

ne puisse s'en apercevoir. C'est le plus grand prestige du chanteur. Les beaux effets ne s'obtiennent que par la respiration bien contenue. Par exemple, lorsqu'on peut relier un grand point d'orgue avec le motif principal ; ou bien, lorsqu'après une note tenue longtemps, renflée et diminuée, on peut, sans respirer, faire soit une gamme, un trait, et reprendre la mélodie. C'est dans ces cas que l'on sent la nécessité d'une respiration longue, facile et bien réglée, car on ne peut produire aucun effet sans cela.

Pour bien chanter, il faut non-seulement aspirer sans efforts, mais aussi pouvoir faire toutes les difficultés sans briser la mesure, ni le rhythme.

Beaucoup de chanteurs en renom ont une respiration haletante qui fatigue l'auditoire, comme s'il avait devant lui un asthmatique. La respiration de ces chanteurs étant lourde, et mal exercée, ils ne peuvent conserver le rhythme, et l'on s'aperçoit à chaque instant que la phrase musicale est brisée. Il en résulte que si le morceau a conservé quelque signification, il a du moins complètement perdu celle que l'auteur a voulu lui donner.

J'engage l'élève à économiser l'air, surtout dans les attaques. C'est toujours en attaquant que le chanteur peu exercé dépense beaucoup plus qu'il ne faut pour alimenter le son ; alors il est forcé de recourir aux contractions nerveuses, qui rendent la voix désagréable, et le son bien moins fort et moins vibrant.

En résumé : aspiration sans bruit et sans effort ; grande économie sur la phrase musicale ; renouvellement de la respiration, par demi, par quart de respiration, et de façon à ce que l'auditoire ne puisse s'en apercevoir ; enfin ne chanter un morceau qu'après avoir bien réglé la respiration et non au hasard.

Par l'emploi de ces moyens qui demandent, on le voit, un travail intelligent et persévérant, on obtiendra tous les effets, et la voix sera toujours pure et sympathique.

§ III

DU

RESPECT DE LA LANGUE MUSICALE

ET

DES RÈGLES MÉLODIQUES

« Le style est tout l'homme, » a dit Buffon. Cela n'est pas moins vrai pour la musique, que pour la littérature, la peinture et les autres arts. Le premier devoir des chanteurs est donc de respecter le style, le faire des compositeurs.

Y aurait-il assez de réclamations, de clameurs, contre l'artiste qui se permettrait de remplacer par ses propres pensées, par ses propres vers, les pensées et les vers de Corneille et de Racine, ou contre celui qui prétendrait nous donner du Raphaël en changeant la manière et l'ordonnance du grand peintre? Pourtant les artistes musiciens peuvent impunément substituer leurs fantaisies à l'œuvre des maîtres qu'ils sont chargés d'interpréter? Pourquoi aux uns les sifflets et les railleries, aux autres l'indulgence et quelquefois les applaudissements? Cela tient surtout à ce que tout le monde lit les vers des grands poètes, et a pu admirer les tableaux des grands peintres, tandis que presque personne ne sait lire la musique et n'est en état d'apercevoir les balourdises que des chanteurs ignorants prêtent aux compositeurs. Si le public savait la musique, les chanteurs seraient obligés de l'apprendre. Ils pourraient alors lire les ouvrages des compositeurs ; ils en étudieraient le sens, les intentions, le style, et ne se hasarderaient pas sur la scène avant de s'être complètement identifiés avec l'auteur. Mais comment se livreraient-ils à ce travail puisque, je le répète, la grande majorité des chanteurs ne sait pas lire la musique. Il y a mieux, ils s'en vantent et font fi de la science. Tout en riant de leur sot orgueil, il faut les plaindre car leur triste ignorance ne vient pas d'eux seuls. Il faut bien convenir que la science musicale est extrêmement difficile à acquérir. Les signes graphiques sont tellement compliqués, l'écriture musicale est tellement défectueuse, qu'il faut une aptitude tout à fait spéciale pour surmonter le dégoût et l'ennui qui naissent de difficultés accumulées comme à plaisir. L'expérience est là pour le prouver. Sur cent personnes qui veulent apprendre la musique, combien peu en est-il qui persévèrent et arrivent? Toujours est-il que ceux qui veulent suivre la carrière musicale devraient, avant tout, apprendre et savoir la musique. Malheureusement, on ne le sait que trop, il n'en est rien, et cela seul suffirait pour expliquer la décadence de l'art.

Un chanteur devrait, non-seulement savoir lire la musique, mais il devrait encore, nous l'avons dit, avoir une connaissance suffisante de l'harmonie, car bien souvent l'intention de l'auteur ne peut être appréciée que par la manière dont il accompagne le chant.

Tout art dépend d'une science : le métier seul peut se borner à la pratique, et encore quel avantage les ouvriers intelligents et instruits n'ont-ils pas sur les autres ! Vainement les chanteurs objecteraient la difficulté de la lecture et de la science musicales. Ce sont des outils dont ils sont tenus de savoir se servir sous peine de n'être que des manœuvres. Une belle voix suffit, disent les ignorants et les paresseux qui veulent jouir tont de suite et visent à un succès éphémère de curiosité, sans se préoccuper de l'avenir. Nous avons vu les promptes et amères déceptions qui les attendent.

Qui ne connaît les vaines tentatives faites même à l'opéra? Deux brillants météores avaient disparu de la scène. Il fallait les remplacer à tout prix. On oubliait que la science et le talent ne s'acquièrent que par un travail long et opiniâtre, et qu'on n'obtiendrait jamais d'un ignorant, malgré sa belle voix, ce qu'une puissante organisation n'avait pu rendre durable. Autre chose est de chanter sur une vaste scène, ou de le faire en reliant des tonneaux, en équarissant des pierres ou des pièces de bois. On tenta pourtant l'aventure ; on crut que douze ou quinze mois d'études suffisaient pour faire un chanteur.

Chacun sait quel fut le résultat, et je ne le rappelle que pour montrer l'erreur profonde dans laquelle tombent ceux qui s'imaginent qu'on peut obtenir des succès durables et de bon aloi, quand un bel organe ne s'appuie ni sur la science, ni sur un talent longuement préparé et chèrement acheté.

Tenez donc ce langage à la plupart des chanteurs de nos jours. Ils vous écouteront peut-être, mais à coup sûr ils ne vous comprendront pas. Ils ne s'occupent guère de science et d'art ; ils n'ont pas la sotte prétention de réformer les fâcheuses tendances du public ; bien loin de là, ils les flattent. Ils réussissent temporairement, ils ont de gros appointements, donc ils ont du talent, et les saines critiques des connaisseurs ne leur apparaissent que comme de vaines criailleries, comme le résultat de l'envie que ne peut manquer d'inspirer leur mérite.

Les règles les plus élémentaires étant méconnues, il est nécessaire de nous y arrêter.

La valeur des notes, les silences, les mesures, les rhythmes et tous les signes indiqués dans un morceau par le compositeur, doivent être respectés par le chanteur.

On peut quelquefois dans la musique ancienne, donner une valeur plus grande aux petites notes comme les appogiatures supérieures ou inférieures. Il est de meilleur goût d'en faire des notes mesurées et des valeurs réelles. Encore faut-il être assez musicien pour agir avec discernement.

En prolongeant les notes au-delà de leur valeur réelle, on ne fait qu'altérer la mesure. Souvent même l'harmonie, qui se trouve en-dessous de la note comme accompagnement, n'ayant plus de rapport avec la note soutenue maladroitement, il en résulte des discordances.

Cette observation trouve aussi son application dans la musique moderne, et notamment dans celle de Meyerbeer, qui bien souvent met un accord pour chaque note de la mélodie.

Quand on prolonge la valeur des notes, la respiration qui doit se prendre sur les silences indiqués, devient pénible ; alors, le chanteur maladroit dénature tout : mélodie, sentiment, esprit, rien ne reste de ce que le compositeur a voulu exprimer. Le chanteur ignorant ne voit pas, ou ne comprend pas les indications de l'auteur, il fait ce qui lui passe par la tête, sans se rendre compte des idées, et de la conception générale du morceau.

A quoi sert au compositeur d'avoir longuement réfléchi, d'avoir mûri son travail, si le chanteur vient détruire tout un ensemble, toute une œuvre.

Il faut au Grand Ténor, ce personnage tout gonflé de son importance, une note aiguë à pousser, un *si* naturel ou un *ut* de poitrine ! sans cela le morceau n'est pas bon, il ne peut produire aucun effet ! ! ! Demandez à ce grand homme ce que c'est que la mesure, qu'il observe si mal, demandez-lui ce que c'est qu'une cadence, ce que

c'est que le rhythme : il ne pourra pas vous répondre. Et pourtant tout cela est l'essence de la musique. Mais il a bien autre chose à faire que de s'occuper de semblables bagatelles ! Il chante comme il boit et mange ; jamais la science, jamais l'art n'ont eu et n'auront rien de commun avec lui, parce qu'il sait, comme l'a si justement écrit M. Elwart, que, « si autrefois on voulait des artistes, on veut aujourd'hui des chanteurs, » et quels chanteurs ! ! !

Quand on se permet de modifier la valeur des notes, encore faut-il le faire avec connaissance de cause et en se conformant à l'esprit de l'auteur.

La musique n'acquiert un sens complet et n'a, par conséquent, toute sa valeur que par son union avec les paroles. On dit d'un artiste qu'il phrase bien, que son chant est bien mesuré, bien cadencé. On pourrait dire qu'il fait bien sentir la ponctuation, car il y a les rapports les plus intimes entre la ponctuation du discours et celle de la musique. Je ne crois pas pouvoir mieux faire que d'emprunter ce que j'ai à dire sur ce sujet à un éminent écrivain didactique, Emile Chevé. Voici comment il s'exprime dans sa méthode élémentaire de musique :

« Pour que les mots forment phrase, idée, il faut un sujet et un verbe, avec ou sans leurs accessoires. Il en est de même en musique : pour qu'il y ait air, il faut que l'oreille sente un commencement et une fin d'idée musicale ; autrement ce sont des enfilades de sons, et voilà tout.

« Or, cette particularité que présente un son, de faire sentir à l'oreille qu'il est le dernier de sa période ou de sa phrase, est ce qui, en musique, constitue la cadence. — La cadence est donc la fin d'une période, d'une idée ou d'une phrase musicale. — Un air bien cadencé est un air dans lequel l'oreille trouve la cadence à la place convenable ; un air mal cadencé est un air dans les conditions opposées. La cadence n'est donc autre chose que la *ponctuation musicale*. Mais de même

que la ponctuation du discours présente divers de-
grés, de même la cadence nous fait sentir la fin
d'une partie de période, la fin d'une période ou la
fin d'un air. On a rendu ces trois idées par les
expressions de : *quart de cadence*, qui répond à la
virgule; *demi-cadence*, qui répond au point et virgule; *cadence* ou *cadence parfaite*, qui répond au
point. Dans certains cas, l'analogie avec le discours est poussée plus loin, et la cadence semble
indiquer un point d'interrogation, un point d'interjection, une réticence, etc.

« L'écriture musicale ne marque ni les quarts
ni les demi-cadences; elle laisse à l'oreille le soin
de les découvrir. La cadence parfaite se marque
quelquefois par une double barre de mesure,
ainsi : ‖. L'interrogation, l'interjection, la réticence se rendent par le *point d'orgue*. »

Ajoutons qu'elles se rendent surtout par
l'harmonie.

Après avoir exposé les diverses défini-
tions qu'on a données du rhythme, l'auteur
continue :

« Pour nous, qui regardons les mots comme les étiquettes des idées, et qui n'avons rien tant à cœur que de rendre claires et précises toutes les idées que nous désirons communiquer à nos lecteurs, nous dirons : les mots divisions binaires et ternaires peignent très-nettement les divisions de l'unité ; le mot mesure indique très-clairement les groupes de temps ; réservons donc exclusivement le mot rhythme pour exprimer des groupes de mesures séparées par les virgules, par les points et virgules et les points, et disons dans ce sens, que le rhythme indique le nombre de mesures qui constituent la plus petite idée mélodique. C'est-à-dire, que le rhythme est l'ensemble de plusieurs mesures, comme la mesure est l'ensemble de plusieurs unités. La mesure est donc l'unité du rhythme, au même titre que le temps est l'unité de la mesure.

« En général, le rhythme se sent de deux en deux, de trois en trois, de quatre en quatre mesures ; le rhythme est alors à deux, à trois ou à quatre mesures ; on pourrait l'appeler binaire, ternaire, quaternaire. Toutefois, le compositeur peut donner à son rhythme toute la variété et toute l'étendue qu'il veut. La variété, il l'obtient en combinant les rhythmes binaire, ternaire et quaternaire, comme il combine, par la modulation, les fragments des diverses gammes. Il fait, en un mot, des rhythmes mixtes.

« Quant à l'*étendue*, quant aux rhythmes qui contiennent plus de quatre mesures, l'oreille les suit plus difficilement. Cependant, elle peut encore les suivre sans trop de peine, quand ce sont des rhythmes à six, à huit ou à neuf mesures, parce qu'elle les subdivise en groupes de deux ou trois mesures. Mais quand ce sont des rhythmes composés de cinq, sept, onze mesures, etc., rhythmes indiqués par les nombres premiers, autres que deux et trois, ils sont insupportables pour l'oreille, par l'attention extrême qu'il faut pour les suivre. Aussi produisent-ils un effet traînant, pénible, extrêmement prononcé. Quand un air est bien rhythmé, il nous frappe du premier coup ; quand il ne l'est pas, nous ne pouvons nous en rendre maître. C'est comme si l'on disait, quand une idée est rendue clairement, par des phrases bien faites, nous la saisissons tout de suite : quand elle est noyée dans un déluge de paroles, au milieu de phrases interminables, nous avons besoin d'un effort extrême pour la comprendre, et encore tout le monde n'y arrive pas. »

On me dira que ceci est du domaine de la composition, ce qui est vrai, mais le chanteur a besoin de connaître, et la langue qu'il chante, et la langue musicale, au moins superficiellement et au point de vue mélodique surtout.

Que devient une mélodie chantée sans rhythme, sans mesure, sans valeur réelles des notes? Une mélopée monotone et languissante.

Il y a peu de temps, j'entendais une chanteuse légère (de nom) interpréter la romance de la Rose, dans *Martha*. C'était quelque chose d'incroyable, d'impossible. Ignorant ou bravant la tradition, la malheureuse chantait cette romance dans un mouvement si lent que la mélodie devenait mé-

connaissable. Joignez à cela l'insupportable
défaut de traîner sur tous les intervalles, de
haut en bas et de bas en haut ; le tout
accompagné de grimaces et d'efforts de
respiration qui faisaient durer le morceau
indéfiniment. Quel supplice pour le pauvre
Flottow, s'il eût assisté à ce travestissement
de son œuvre ! Les connaisseurs faisaient
leurs réflexions bien bas, la masse restait
inerte, et la claque salariée applaudissait à
tout rompre. Encore une fois, quand on en
arrive là, les avis, les critiques sont inutiles.

L'orgueil et les beaux appointements dis-
pensent de travail, de talent et de respect
pour l'œuvre d'autrui.

Opposons à cette « *Foire aux Vanités* »
l'exemple d'une grande artiste, toujours à
la recherche de l'idéal, et dont l'immense
talent, autant que le modeste bon sens, re-
poussaient tous les genres de charlatanisme :
La Malibran.

En 1835, elle était engagée au théâtre San Carlo, à Naples. On donnait alors *Inès de Castro*, du compositeur Persiani. Tous les efforts de la cantatrice ne pouvaient galvaniser cette pièce assez médiocre. Elle cessa d'en faire, fatiguée et découragée par un rôle ingrat, et les acclamations des Napolitains n'en continuèrent pas moins. Les imbéciles, disait-elle ! Si je chantais à Paris comme je le fais ici, je serais *chutée*. Si je reste à Naples, je suis perdue. Des applaudissements acquis à si bon compte m'énervent et me rendent paresseuse. Il me faut Paris pour me retremper ; il me faut mon *Picotin d'avoine !* Ce mot a été refait depuis, et dans un autre sens.

Cette grande artiste, on le voit assez, n'aurait pu supporter notre ignoble claque. Et si elle ne se payait pas de vains compliments et de sots applaudissements, c'était parce que, élevée à la grande école, elle avait à la fois le sentiment de l'art et celui de sa propre dignité.

Voilà deux époques bien caractérisées, et je demande si l'on peut hésiter à préférer 1835 à 1867? Quel triste chemin nous avons fait depuis la première époque! Mais laissons-là les rapprochements pénibles et revenons au présent.

Les amateurs et les gens du monde ne sont pas toujours exempts des exagérations que j'ai signalées, et qui, loin de servir à l'expression ne conduisent qu'au plus profond ridicule. Les élèves et les jeunes chanteurs doivent se garder soigneusement de pareilles tendances. Restons dans les termes où le docteur Perrin place l'expression.

« La mélodie, langage expressif de l'âme, qui vient en aide à la parole et en complète le sens. »

Mais peut-on acquérir cette expression juste et vraie, ce goût du naturel dont on est si loin aujourd'hui? Oui, tout cela s'acquiert par le travail, par la réflexion, par l'étude des grands maîtres, et surtout des anciens maîtres.

La célèbre école de Choron, dont il est sorti tant d'artistes distingués, était basée sur ces principes. Avant d'aborder les auteurs modernes on étudiait Palestrina et les maîtres de son école. On y étudiait même le *Plain-chant*, ce qui pourra surprendre quelques personnes. Mais les gens instruits savent que la musique moderne est fille de l'Eglise, car Palestrina, le véritable instigateur de cette musique, a presque toujours composé pour l'Eglise, et lui doit tous ses chefs-d'œuvre.

Si les sciences brillent aujourd'hui d'une si féconde lumière, c'est parce qu'elles se sont retrempées à leur source. Pourquoi n'en serait-il pas de même de la musique, qui, elle aussi, nous l'avons dit, repose sur une science?

Bien que l'ignorance et le mauvais goût aient altéré le plain-chant, qu'on fait de si louables efforts pour restituer de nos jours, il n'en est pas moins resté la musique la plus impressionnante pour tout le monde, surtout pour le peuple, à qui « il faut des cathédrales, » comme l'a si admirablement dit le P. Hyacinthe. L'homme le moins religieux, s'il met, par hasard, le pied dans une église pendant une de nos belles cérémonies, avouera que les chants sacrés l'ont profondément ému, en lui rappelant, malgré lui, des souvenirs qu'on s'efforce en vain de détruire.

Le plain-chant est la véritable expression de la prière, de la contemplation, et il semble participer à la perpétuité du catholicisme, dont il manifeste si bien les aspirations. Mais cette haute destination, mais le calme de la prière qu'il inspire partout, mais l'absence de rhythme, en rendent l'interprétation beaucoup plus difficile que celle de la musique moderne. Il n'y a pas de place dans le plain-chant pour les cris et les exagérations.

Pour chanter cette musique il importe que le jeu des poumons soit facile ; que la respiration soit longue, car les sons sont très-soutenus ; que la voix soit calme et souple, que chaque note ait, pour ainsi dire, un sentiment, un intérêt. Il faut donc que le chanteur ait tout ce mécanisme vocal à sa disposition. Il faut aussi qu'il ait des sentiments élevés, religieux pour comprendre et rendre convenablement la grandeur de cette musique vraiment inspirée. C'est à cette source que devraient puiser les jeunes gens qui veulent suivre la carrière du chant.

Je n'hésite pas à dire que je dois au plain-chant le peu que j'ai pu acquérir de goût, d'expression et de science musicale. Mon éducation s'est faite à l'église. Les beaux chants que j'entendais là, remplissaient mon

âme de sentiments indéfinissables. Ne sa-
chant rien, ne pouvant me rendre compte
de rien, j'étais instinctivement ravi des su-
blimes accents qui frappaient mon oreille.
J'écoutais avidement les observations qu'on
faisait sur les chanteurs, et sur la manière
dont ils rendaient les mélodies sacrées, et je
tâchais d'implanter tout cela dans ma mémoire pour en faire mon profit. Et lorsque
mon tour vint de chanter à l'orgue, soit le
Credo, de Dumont (si grandiose), soit l'*Ado-
remus*, soit l'*Adeste fideles*, soit l'*O filii*, soit
même le *Miserere* et le *Stabat mater*, j'éprou-
vais un bonheur extrême. Mon chant s'en
ressentait sans doute, car j'étais presque
toujours préféré à mes petits camarades.
Depuis lors j'ai conservé mon goût pour ces
chants, et j'ai toujours saisi avec empresse-
ment l'occasion de les redire.

Si notre grande institution musicale semble dédaigner le plain-chant, elle devrait au
moins obliger ses élèves à étudier les grands

maîtres anciens et à se nourrir de leurs chefs-d'œuvre.

« Palestrina, dit le docteur Perrin, comprit que les chants sacrés ne pouvaient se produire avec convenance que par cette fonction qui rend l'âme sonore, exprime les nobles sentiments de la nature humaine animée de l'amour de Dieu ; dès lors, la musique fut empreinte de cet enthousiasme qui parle d'autant plus au cœur, que c'est lui qui en a formulé les accents ; et, placée au rang des arts qui s'adressent à l'esprit et s'élèvent au sublime, elle acquit cette forme qui est le caractère du vrai et du beau. »

Tous les maîtres de l'école de Palestrina devraient être lus. Et quel fruit les élèves retireraient de leur comparaison ! Comme leur goût se formerait, comme leur intelligence se développerait par ce travail, et quelle facilité ils en acquerraient pour le reste de leurs études. Mais il faudrait savoir lire la musique pour se livrer à ces fécondes investigations, et c'est, je le répète avec regret, c'est ce qui manque la plupart du temps aux élèves. Si l'instruction *primaire* de la musique était plus répandue, on n'éprouverait pas une si grande disette de sujets. Ils se présenteraient d'eux-mêmes, tandis qu'on les cherche et souvent sans résultat. Quel temps précieux on perd à épeler péniblement ! On a peine à se figurer que, dans une école spéciale, un lecteur à première vue soit presque un phénomène.

Quel que soit le respect que je professe pour les anciens maîtres, je ne suis pas exclusif. Je ne suis pas, en effet, de ceux qui pensent que la musique moderne devrait être bannie de l'Eglise. Cette musique est un progrès, et tout progrès venant de Dieu doit remonter vers lui. Pourquoi donc toutes les ressources musicales ne seraient-elles pas employées à rehausser l'éclat et la pompe de son culte ? Je conçois le vif sentiment de répugnance qu'on éprouve lorsque, au lieu de prières, on entend à l'église

des airs d'opéra. Cela s'explique par l'ignorance du style religieux, par l'absence de
croyances et par des préoccupations étran-
gères, dont je crois devoir citer un exemple, pour bien faire comprendre la profon-
deur du mal.

Un jour, je sortais de l'office ; je ren-
contrai un compositeur, non sans mérite,
qui venait de faire exécuter, sous prétexte
d'*Ave verum*, un magnifique duo bouffe.
Les chanteurs, par leurs exagérations,
avaient encore augmenté les torts du compositeur. Je ne pus m'empêcher de lui exprimer ma pénible surprise de ce que je
venais d'entendre.

— Que voulez-vous, me dit-il naïve-
ment, quand on n'a pas d'autre *théâtre*, il
faut pourtant bien se faire connaître ! !

Nous reviendra-t-il un Pape Marcel et
un Palestrina pour chasser les vendeurs du

temple , et rétablir la musique religieuse
dans tous ses droits ?

On n'est guère tenté de rendre la musique responsable des excès que je viens de
signaler, lorsqu'on a le bonheur de pouvoir
lire Haendel, Haydn et surtout Mozart, le
mieux inspiré des compositeurs modernes.
Après avoir lu ou entendu son immortel
Requiem et son sublime *Ave verum*, on sent
ce qu'aurait pu produire ce fécond génie,
s'il n'eût été enlevé au milieu de sa carrière, et l'on comprend qu'il ait pu dire
avec une confiante simplicité , en parlant
des musiciens de son temps : « Je leur
montrerai ce que c'est que la musique religieuse. »

J'espère que l'on ne m'accusera pas de
m'écarter de mon sujet, car les chanteurs et
les amateurs eux-mêmes étant souvent ap-
pelés à se faire entendre dans les églises,
il n'est pas inutile de leur indiquer les sources

où ils peuvent puiser la science et les saines inspirations.

Deux compositeurs de musique religieuse, Lesueur et Chérubini, ont honoré notre siècle en suivant les traces de Mozart. Le premier avec sa piété, quelquefois naïve, disait toujours à ses élèves : « Quand vous composez de la musique religieuse, mettez-vous en présence d'une cathédrale. » Il agissait ainsi pour lui-même, et sa musique atteignait souvent le grandiose. Le second semblait ne s'inspirer que de la chapelle royale, dont il était le surintendant comme Lesueur. Sa musique travaillée, polie et taillée à facettes, se rapprochait de la musique de chambre. On peut mesurer les deux compositeurs au *Sacre de Charles X*, lorsqu'après la magnifique scène et la marche du sacre de Lesueur, on entendit la délicieuse messe en *la*, de Chérubini. Ce dernier, qui était modeste à ses heures, reconnut que sa messe n'avait produit aucun effet sous les immenses voûtes de la cathédrale de Reims, et il s'avoua vaincu. Il dut même dire dans son langage pittoresque : « Nous sommes tombés d'un chêne sur un olivier. »

Disons que si Lesueur l'emportait par la grandeur et la puissance de conception, il était peut-être inférieur à son rival sur le terrain de la mélodie. Il n'a jamais rien produit de comparable à l'*Ave Maria* et surtout à l'*Ecce panis*, dont la grâce et l'extrême distinction n'enlèvent rien au sentiment religieux. Que de fois j'ai entendu dénaturer ces deux morceaux par d'audacieux et ignorants chanteurs !

Ces deux maîtres sont à étudier ; mais je ne cache pas mes préférences pour Lesueur, beaucoup trop négligé de nos jours où l'on préfère en tout le joli au beau. Le docteur Perrin que je ne me lasse pas de citer, semble s'être surtout inspiré de Mozart et de

Lesueur, dont la musique reflète si complètement les croyances, lorsqu'il a écrit les lignes suivantes :

« La musique n'est pas, comme on pourrait le croire, une simple affaire de goût; pour émouvoir, elle doit exprimer de nobles sentiments. Si la vérité se transmet par la parole, l'amour de la vérité se transmet par le chant. Aussi, le génie musical ne s'élève jamais plus haut, que lorsqu'il est soutenu sur les ailes de l'amour et de l'espérance; ces deux vertus donnent à l'âme ces élans divins, ces tons touchants et suaves qui se manifestent comme l'idéal d'une félicité céleste.

Il s'agit bien de tout cela pour *nos grands hommes*, aujourd'hui que les « vieilles bibles et les vieux dogmes » ont fait leur temps ! Est-ce que l'esprit religieux peut conduire à rien de beau ?... Pour avoir de la science (infuse sans doute !) du talent, du génie, pour bien chanter surtout, il faut appartenir à la *Bohême !* Hors de la Bohême point de salut !

Raphaël et Mozart, les deux génies artis-
tiques les plus complets qui aient jamais
existé, contrarient bien un peu cette belle
théorie. Mais on ne s'embarrasse pas de si
peu de chose. Est-il besoin de dire que ces
funestes doctrines et ces tristes tendances sont
la mort de l'art, et que tout artiste qui res-
pecte sa dignité, doit s'en éloigner comme
de la peste !

Après avoir lu tout ce qui précède, l'élève
peut comprendre l'avantage qu'il doit retirer de l'étude et de la comparaison des anciens maîtres. Lorsqu'il fait consciencieu-
sement ce travail, sa science grandit, sa
mémoire se meuble, son intelligence se
développe, son goût s'épure, et il devient
apte à saisir toutes les nuances, à recueil-
lir toutes les inspirations. Il sent que l'interprétation de la musique ne doit pas
être purement mécanique, et que l'âme
doit apporter son concours à ce langage
divin.

« Si la musique, dit encore le docteur Perrin,
s'est élevée au rang de la littérature et des beaux-
arts, si elle impressionne si vivement notre être,
c'est qu'elle exprime nos croyances, nos affections, qu'elle est en quelque sorte la physionomie
sonore de notre âme. »

Le chanteur qui veut échapper à la mé-
diocrité, et atteindre le but honorable vers
lequel il marche, doit ne point se faire d'il-
sion, et comprendre qu'il devra tout au travail et à un travail assidu. Il faudra donc
qu'il s'isole pour travailler et méditer à son
aise. Il approfondira le sujet et les paroles
de ce qu'il se propose d'étudier, afin de se
pénétrer des idées de l'auteur, et de ne
faire, en quelque sorte, qu'un avec lui. Il
étudiera la mélodie, phrase par phrase, puis
dans son ensemble, et cela froidement, posément, pour éviter les contractions. Lorsqu'il aura fait minutieusement ces travaux
préliminaires, et lorsqu'il saura le morceau
par cœur, il pourra lui donner sa couleur,
son expression, avec la certitude de ne s'é-

carter ni des inspirations de l'auteur, ni des règles du bon goût.

Si le sentiment du morceau est doux, le chanteur en cherchera l'expression dans le charme de la voix. S'il s'agit d'un sentiment énergique, il faut chercher la force non dans la voix, mais dans l'articulation, ce qui double le timbre. Un sentiment douloureux demande de la sensibilité, mais sans mièvrerie, sans exagération.

Le but que la musique doit atteindre, — et elle a pour cela, par son union avec la parole, plus de ressources que les autres arts, — c'est de toucher, d'émouvoir et d'exciter au plus haut degré notre sensibilité. Même il y a là un grand écueil, et la plupart des chanteurs ne se doutent pas du travail auquel il faut se livrer pour l'éviter.

Le chanteur instruit, convaincu et qui aime son art, éprouvera tous les sentiments qu'il doit communiquer à son auditoire. Mais il sait en même temps qu'il est obligé de s'en rendre maître, sous peine de manquer l'effet qu'il veut produire, et même de se rendre ridicule. S'il doit exprimer une grande douleur, par exemple, il saura mettre des larmes dans sa voix, et il attendrira son auditoire. Mais s'il n'est pas bien maître de lui, s'il se laisse entraîner par l'émotion qu'il a produite, il perd à l'instant tous ses moyens, tout son prestige, il ne domine plus son auditoire, il en est dominé ; la suffocation arrive, la voix s'altère et s'éteint.

Ce seul exemple suffit pour faire comprendre ce qu'il faut d'études et de travail pour arriver à mesurer juste, et à rendre avec convenance et vérité le sentiment qui doit toucher et émouvoir les auditeurs. C'est cette juste mesure, si difficile à acquérir qui fait les vrais, les grands artistes.

S'étonnera-t-on, après ce que je viens de dire, que nous ayons si peu de chanteurs

émérites, et que nous rencontrions tant de
prétendus . artistes qui s'imaginent niaise-
ment faire de l'art avec des contorsions, des
cris et des contractions nerveuses? Malheureusement le public les suit dans cette
triste voie. Mais il n'est pas possible que
l'engouement pour l'ignorance et le mauvais goût se perpétue dans notre intelligent
et spirituel pays de France. On finira bientôt, je l'espère, par se fatiguer de ces boni-
ments dont les vrais amateurs, les vrais artistes sont les témoins affligés : on en rira,
et la réaction sera faite.

§ IV

CONSIDÉRATIONS GÉNÉRALES

C'est de l'histoire bien ancienne déjà, que la fameuse querelle des Gluckistes et des Piccinistes. Heureux temps, où l'on se passionnait pour l'art ! Gluck, suivant les traces de Mozart, fit triompher en France, le récitatif et la déclamation vraie.

Cependant la musique .vocalisée continua à se développer en Italie. Piccini et

les compositeurs de son école étendirent
peu à peu ce genre qu'on appella *musique à
ariettes*, et plus tard *musique italienne*. Enfin,
vint Rossini, qui la marqua du cachet de
son génie, et lui donna l'immense éclat dont
elle a brillé.

Dans ce système tous les sentiments sont
exprimés en roulades et en vocalises. Cette
exagération a tué un genre de musique,
trop souvent en dehors de la nature et de la
vérité, et dans *Guillaume Tell*, Rossini lui-
même, commença la réaction, en produi-
sant un immortel chef-d'œuvre. On rentrait
dans la grande musique, dans la grande déclamation lyrique.

Le cygne de Pesaro se tut après *Guillaume Tell*, et Meyerbeer, qui s'était essayé
dans la musique allemande, puis dans la musique italienne, s'empara de notre grande
scène. Il y continua la réaction, mais du
premier coup, dans *Robert*, il dépassa le

but. Le fameux : *Suivez-moi*, de *Guillaume Tell*, l'empêchait de dormir sans doute, et en voulant égaler, surpasser même son prédécesseur, il poussa la musique dans la voie des exagérations et des cris.

De maladroits imitateurs, comme cela arrive toujours, enchérirent encore sur Meyerbeer. Parmi eux, le plus célèbre est l'auteur du *Trouvère*, Verdi, dont je ne méconnais pas l'incontestable talent. Mais il a contribué plus que personne à perdre la belle école de chant italienne, et par contrecoup, l'école française.

Le Conservatoire, au lieu de rester conservateur, ainsi que son nom semble lui en faire une obligation, a suivi le torrent et s'est mis à la remorque des novateurs.

On a vu quelques-unes des conséquences de cette défection ; on en verra d'autres plus loin.

Mais revenons à Meyerbeer. Il a mis dans ses ouvrages, surtout dans *Robert*, des passages inaccessibles pour la voix. Je demande quel est le ténor qui peut chanter, dans son entier, avec la perfection désirable, surmontant les difficultés accumulées comme à plaisir, tel enfin que le maëstro l'a écrit, le duo *Des chevaliers de ma patrie?* Bien entendu, je ne mets pas en ligne de compte les coupures faites par la tradition.

Chez Verdi, c'est bien autre chose encore! Avec son orchestration violente, avec son oubli perpétuel de la puissance du clavier vocal, avec son habitude de forcer l'expression et les sentiments, il demande à la voix des efforts qui doivent nécessairement la briser en peu de temps.

Donnez à une jeune voix de soprano l'air du premier acte du *Trouvère*. Quel parti pourra-t-elle tirer d'un pareil morceau?.. Mauvaise prosodie, musique brutale, écrite pour un cornet à piston peut-être, mais non pour la voix fraîche et fragile d'une femme.

Que dire de la cabalette de l'air du ténor, au quatrième acte de ce même opéra? Ne montre-t-elle pas le plus complet mépris de l'art et de la science? Les malheureux qui se dévouent à pousser de semblables cris, seraient bien bons de travailler, d'étudier, puisqu'il suffit de la force musculaire et de la puissance des poumons, pour obtenir un certain succès avec la musique de Verdi!

Le Conservatoire, selon mon opinion et celle de beaucoup d'autres, aurait dû résister à des tendances qui ne pouvaient manquer de nous conduire à ces déplorables extrémités. C'est le contraire qui s'est produit. Les études sérieuses ont été abandonnées, on l'a déjà vu, et la plupart des professeurs, pour répondre aux exigences de la musique en vogue, ne se sont appliqués qu'à développer le volume de la voix et les sons suraigus.

Si l'on veut apprécier le résultat d'un pareil système d'éducation, il faut assister aux examens et aux concours du Conservatoire. On verra là de pauvres jeunes gens s'époumonant dans des scènes, inaccessibles pour eux, de *Robert*, de *Guillaume Tell*, de la *Juive*, et l'on n'entendra que des voix fatiguées, enrouées, souvent brisées et perdues pour jamais.

Le comité du Conservatoire, dont la responsabilité prime toutes les autres, ne devrait-il pas interdire cette musique, et empêcher des exhibitions prématurées qui affligent tous les véritables amis de l'art? Les jeunes larynx ont besoin de temps pour se fortifier et s'habituer à la fatigue. Est-il raisonnable de provoquer une ruine certaine, en leur demandant plus qu'ils ne peuvent donner! N'avons-nous pas, pour exercer fructueusement les élèves, Mozart, Gluck, Grétry, Méhul, Cimarosa, Rossini, et tant d'autres où ils trouveraient, sans craindre les inconvénients que j'ai signalés, et sans danger d'altérer le timbre et le charme de la voix, des modèles achevés de style et de goût.

Un professeur de musique instrumentale se couvrirait de ridicule, si au bout de six mois ou d'un an, il avait la prétention de faire exécuter par ses élèves les œuvres de Beethoven ou de Paganini. Cela saute aux yeux de tout le monde. C'est pourtant ainsi qu'on agit pour les élèves chanteurs : cela se conçoit-il?

Un excès en amène un autre. Nos sommités musicales créaient des mélodies (*quand il y avait mélodie!*) inchantables, et Rossini, le mélodiste par excellence, a dû rire bien souvent *in petto*. Il est arrivé un homme qui a purement et simplement supprimé la mélodie. Il l'a remplacée par une mélopée qui laisse le champ libre à l'accompagnement. On voit que je parle de Richard Wagner, qui a su trouver des panégyristes, et même déjà des imitateurs. Ce brave allemand, si convaincu de son génie, et si sûr d'être en possession de la *musique de l'avenir !* n'a excité qu'un fou rire, lorsqu'il a produit son fameux *Tannhauser* sur notre première scène lyrique. Il devait en être ainsi. Toute réaction qui dépasse le but devient féroce ou ridicule et quelquefois tous les deux ensemble. Ici, il n'y a que du ridicule et il s'explique : la musique sans mélodie n'est plus un langage intelligible, c'est un bruit. Or. entendre du bruit pendant trois ou quatre heures, ce n'est pas précisément amusant.

Je ne connais pas le *Lohengrinn,* dont les échos de l'Allemagne nous redirent les merveilles ; nous verrons bien !

Dans ce désarroi général, deux théâtres,

l'Opéra et le théâtre Lyrique, reprenaient
Don Juan. Etait-ce aussi par une pensée
de réaction, et, dans ce cas, ce serait la
bonne, ou bien était-ce par hasard? Quoi
qu'il en soit, il n'y en a pas moins d'assez
instructives remarques à faire.

A l'opéra Faure et Obin ont été à la hauteur de leurs rôles, et ils les ont interprétés
en grands artistes, qui possèdent une véritable science. Ils ont approfondi tous les
genres de musique, et possèdent tous les
secrets du chant.

Mme Marie Sass leur est restée bien in-
férieure, malgré son immense succès dans
l'*Africaine*, et cela devait être. Mme Sass
n'a qu'un bagage scientifique et artistique
bien léger. Or, il ne suffit pas de l'intelligence pour exécuter la musique de Mozart;
il faut cette finesse, cette délicatesse de
goût et de sentiment qu'on n'acquiert pas
par des études superficielles.

Au Théâtre lyrique, théâtre secondaire cependant, l'exécution comme ensemble a été supérieure à celle de l'Opéra.

Mmes Miolan Carvalho et Nilson ont obtenu dans leurs rôles le même succès que Faure et Obin. Mme Miolan Carvalho est, à mon avis, une des premières chanteuses de notre époque : et son triomphe ne m'a pas surpris. Ce redoutable voisinage n'a pas empêché Mlle Nilson de briller du plus vif éclat. Si la jeune artiste n'oublie pas les leçons de son professeur qui lui a si bien inculqué les vrais principes et les saines traditions, si elle continue à travailler, sa renommée grandira tous les jours.

Ainsi, à Paris, quatre artistes, appartenant à deux théâtres, se sont trouvés seuls à la hauteur de l'interprétation de *Don Juan !* N'est-ce pas la confirmation évidente de ce que j'ai dit sur la mauvaise direction donnée à l'étude du chant?

Chacun sait que la disette de ténors a fait retarder pendant bien longtemps l'apparition de l'*Africaine*. Meyerbeer cherchait un Roger : il l'a cherché quinze ans, et l'*oiseau bleu* n'a pu être découvert. Roger était au Conservatoire, alors qu'on y enseignait véritablement l'art du chant. Il avait puisé auprès de deux maîtres éminents les bases de son talent. Rarement on a rencontré à ce point les qualités physiques unies à celles du chanteur et du comédien.

De guerre lasse, Meyerbeer s'adressa à un ténor italien, pour chanter de la musique allemande écrite sur des paroles françaises.

Le succès ne répondit pas à l'attente du maestro. La prononciation de ce ténor était mauvaise ; l'accent dramatique et le geste laissaient beaucoup à désirer. Comme chant il rendait bien ce qui était doux et amoureux. Mais lorsqu'il fallait de l'élan, de l'énergie, la voix devenait gutturale. Somme toute,

ce rôle faisait tache sur l'ensemble de l'exécution.

On a remplacé cet italien par un ténor
léger, ensuite par un prétendu *fort ténor*. Ils
sont hors d'état de tenir l'emploi, quoiqu'en
dise la réclame. Ainsi, on ne peut trouver
un sujet ténor pour mettre en rapport d'interprétation avec des artistes éminents,
Faure, Obin, Belval, et Mme Sass. Rendons
toutefois justice à Meyerbeer. Le rôle est
bien écrit pour une voix de ténor *demi-carac-
tère*, ce qui veut dire, une véritable voix de
ténor.

Laissons de côté les artistes pour nous
occuper un peu des amateurs.

On aime la musique, on recherche les
émotions, et tout le monde voudrait la savoir pour la mieux goûter. Les maîtres ne
manquent pas, les élèves non plus, et les
parents dépensent beaucoup. Mais quel est

le résultat de ces tendances et de ces efforts?
Ce jeune homme, cette jeune fille dont l'é-
ducation musicale a coûté si cher, quel profit en ont-ils retiré?... Dès qu'ils ont été
libres ou mariés, ils ont fermé piano et ca-
hier pour ne plus les rouvrir. N'est-ce pas
ce que l'on voit journellement dans le monde?
A quoi attribuer un état de choses aussi dé-
solant qu'il est général?... Un peu à tout
le monde, et beaucoup aux extrêmes difficultés que présente l'enseignement de la
musique à son début. L'élève saisit difficilement et s'assimile plus difficilement encore ce qu'il faut savoir pour lire couram-
ment, et de là naît un ennui, un dégoût, un
découragement que rien ne peut surmonter.

La nécessité n'est pas là pour exciter et
pousser l'élève. Il prend sa leçon parce qu'il
faut la prendre, mais il n'en profite guère,
parce qu'il n'y apporte ni zèle, ni intérêt.
Et lorsque les premières difficultés sont vain-
cues, alors qu'on pourrait entrer dans les

jouissances de l'art, l'étude de la musique reste un cauchemar dont on se débarrasse aussitôt qu'on le peut.

Que peut faire le maître devant de pareilles dispositions? Il se décourage lui-même; il ne pense pas à montrer à son élève, pour relever son moral, le but élevé qu'il pourrait atteindre. Il prend son cachet, pour recommencer sa corvée le lendemain.

Si ceux qui savent, veulent réfléchir et se rappeler leurs débuts, ils conviendront avec moi, qu'ils n'ont pas appris la musique mais qu'ils l'ont *devinée*, tant le système d'enseignement est vicieux. Tout le monde n'est pas organisé de façon à faire ce tour de force. Après de vains essais, de vains efforts, on a dû renoncer, sous peine de dissolution, à enseigner la musique aux membres des orphéons, ces musiciens qui, pour la plupart chantent sans connaître les notes.

Ils préfèrent, tout le monde le sait, et ils en conviennent, les longs et rudes labeurs du *serinage*, à la difficile étude de la lecture musicale.

Il y a bien un moyen de surmonter les obstacles : je m'en suis expliqué ailleurs, et je n'y reviendrai pas ici. Mais en attendant que se généralise l'emploi de ce moyen, je ne saurais trop engager les parents à ne pas imposer à leurs enfants, s'ils n'ont pas d'aptitudes spéciales pour la musique, des tortures tout à fait inutiles.

Le découragement qui s'en suivrait, pourrait s'étendre à leurs autres études et ils courraient risque de n'apprendre et de ne savoir quoi que ce soit. Les maîtres s'aperçoivent bien vite de l'inaptitude d'un sujet et ils devraient avoir la bonne foi d'en instruire les parents. Si l'on exigeait la continuation des leçons, leur conscience du moins serait à l'abri de tout reproche.

Il faut convenir que les parents assument souvent, par des paroles irréfléchies, la responsabilité de ce qui arrive. Un père et une mère ne craindront pas de dire : « Que nos enfants sachent jouer une polka et chanter une romance, c'est tout ce qu'il nous faut. » Passe pour la polka ! On peut y arriver sans savoir une note. Mais où cela mène-t-il? Quel plaisir peut-on éprouver ou donner en *rabâchant* toujours la même chose? C'est une bien mince compensation de ce qu'on dépense, même pour en arriver là.

Quant à la romance, c'est autre chose. Je suppose que les parents tiennent médiocrement à entendre chanter comme une fileuse, ou comme *la fameuse Thérésa!* Je reconnais que pour obtenir ce genre de succès il n'est besoin d'aucune étude, d'aucune science. Mais la romance, c'est déjà de l'art. Les parents, qui tiennent le langage que je viens de citer, ne savent pas combien il est difficile de la chanter, je ne dirai pas bien, mais convenablement.

Les principales difficultés de l'art du chant se rencontrent en effet dans la romance. Elle exige une respiration facile et réglée ; des sons moelleux et doux, s'enflant et diminuant, suivant les exigences de la mélodie ; une diction pure ; une voix sympathique. De plus, la romance étant généralement un petit drame en trois couplets, chacun de ces couplets doit avoir sa couleur, son sentiment en harmonie avec les paroles.

Tout cela, c'est de la science, et pour l'acquérir, il faut du temps, du travail, et surtout ne pas commencer par la fin, comme tous ceux qui s'imaginent qu'il suffit d'ouvrir la bouche et de pousser des sons pour bien chanter.

On dit que la musique vient du ciel et que nous l'y retrouverons. Raison de plus pour la respecter, et ne pas la déshonorer par de ridicules ou d'ignobles fantaisies. Ce qu'il y a de certain, c'est que le sentiment en est général et inné chez l'homme et qu'il produit les effets les plus inattendus.

J'emprunte au journal d'un touriste de mes amis, un passage qui montre, une fois de plus, la puissance de la musique sur notre âme et sur notre organisation.

« Le 24 août 1834, vers le soir, nous arrivions en caravane assez nombreuse, à l'hospice du Grand Saint-Bernard. A mesure que nous approchions de ce lieu célèbre, la franche gaieté qui avait animé tout le voyage, faisait place à des pensées plus graves. Les rudes sentiers que nous suivions à travers des ravins profonds où la neige craquait encore sous nos pas malgré la saison ; l'aspect imposant et sévère des montagnes ; l'idée que nous traversions des lieux témoins de ces actes de sublime dévouement qui s'accomplissent humblement, obscurément dans ces lieux désolés, tout nous portait au recueillement.

« Les bons religieux, qui n'avaient pas encore subi les atteintes du radicalisme suisse, et qui voient dans les voyageurs des hôtes, des amis que la Providence leur envoie, nous firent cet accueil plein de cette cordialité dont ils ont l'habitude.

« Ils nous firent parcourir leur établissement auquel se rattachent tant de souvenirs, et nous terminâmes par une visite au cimetière. C'est un bâtiment situé à une petite distance du monastère, et qui n'est fermé d'un côté que par une claire-voie. Là nous attendait un spectacle saisissant.

« Il n'est pas possible, sur ces rochers dénudés, d'enterrer les victimes des tourmentes et des avalanches. Elles sont là, debout devant vous, avec leurs différents costumes. Les vers n'ont point attaqué ces corps que le froid a conservés. La peau s'est, en quelque sorte, tannée sur les os, et les ouvertures de la face, démesurément agrandies, présentent la mort sous son aspect le plus effrayant.

« Pendant que nous contemplions cette scène lugubre, la cloche du souper se fit entendre. Nous regagnâmes le monastère, en proie à une émotion qu'on imaginera facilement. Le souper fut grave, mais l'un des Pères qui présidaient à notre frugal repas le remplit d'une immense intérêt. Sur nos instances, il nous fit d'une voix douce et pénétrante un récit bien simple, bien humble, mais bien éloquent de quelques-unes de ces actions héroïques qui honorent tant l'humanité et la religion, et qui s'accomplissent tous les jours dans cette sainte maison, avec l'aide de ces admirables chiens, dont il nous raconta des traits d'instinct vraiment prodigieux. Nous étions tous profondément émus, lorsqu'on nous fit passer dans le salon, où, pour procurer quelque distraction aux voyageurs, les religieux ont eu l'aimable attention de placer un piano. Notre bienveillant introducteur l'ouvrit en disant qu'un peu de musique changerait le cours des pensées sérieuses qui avaient régné jusque là parmi nous. Un ancien et spirituel magistrat de Lyon, M. B..., s'assit au piano et, soit hasard, soit préméditation, il attaqua le galop de Gustave. A peine les premières notes eurent-elles retenti qu'une étincelle électrique sembla parcourir l'assemblée. Une agitation soudaine s'empara de tout le monde, les physionomies s'illuminèrent, et je vis le moment où les mains allaient instinctivement s'unir pour la danse. Le bon moine semblait stupéfait de cette étrange révolution, et il disparut. La conversation devint vive, animée et personne ne pensa plus à ce qui nous avait si vivement émus et préoccupés depuis notre entrée au monastère. »

Mon ouvrage ne s'adresse pas seulement aux artistes de profession, mais à tous ceux, et ils sont nombreux, qui aiment véritablement la musique, qui en ressentent vivement les impressions, et voudraient faire partager aux autres leurs jouissances, qui sentent, en un mot, le besoin de l'étude pour arriver à un résultat au moins satisfaisant.

Que les vrais professeurs, que les vrais artistes, que les vrais amateurs s'unissent pour rétablir sur ses véritables bases l'art du chant, si outrageusement méconnu de nos jours ! Mon travail n'a pas d'autre but. Puisse mon humble pierre contribuer à la réédification de l'édifice qu'on ruine tous les jours ! C'est mon plus ardent désir.

HYGIÈNE DE LA VOIX [1]

Le développement de la voix demande la plus sérieuse attention, et c'est dès l'enfance que doit commencer l'éducation vocale, en cherchant par tous les soins possibles à obtenir d'un organe, aussi admirable que précieux, toutes les modifications dont il est susceptible.

[1] Extrait du *Traité des maladies et de l'hygiène des organes de la voix,* par le docteur Colombat (de l'Isère), publié à Paris, chez Mausuet fils. Edition 1838.

D'abord c'est sur le développement de la voix articulée qu'on devra primitivement porter son attention, afin de pouvoir imprimer de bonne heure aux organes flexibles et mobiles des enfants l'habitude de faire des mouvements réguliers qui sont indispensables pour acquérir en même temps une voix sonore, une prononciation pure et des inflexions naturelles et faciles.

Si l'on doit commencer de très-bonne heure l'éducation de la voix articulée, il n'en est pas ainsi pour la voix modulée ou le chant ; car c'est seulement à sept ou huit ans qu'on pourra essayer de faire chanter quelques gammes posément, mais jamais les enfants ne devront étendre leurs exercices au-delà d'une octave dans le médium, en commençant au *ré* sous les lignes pour les sons graves et en finissant au *ré* dans la portée pour les sons aigus.

• On pourrait leur permettre les notes du

fausset, sans faire aucun effort, toujours graduellement, en augmentant d'un demi-ton ou, au plus, d'un ton à la fois ; mais ils ne devront, dans aucun cas, dépasser le *sol* au-dessus de la cinquième ligne.

Ces préceptes regardent non-seulement les enfants qui ont des dispositions naturelles à chanter, mais encore ceux qui sont destinés à exercer l'enseignement de la musique ou une profession telle que celle de chanteur, de comédien, d'avocat, etc. Pour ces derniers, on appliquera surtout les préceptes que nous avons donnés plus haut ; mais pour les autres, c'est-à-dire ceux qui doivent être musiciens, on leur fera étudier les règles et le mécanisme de la musique jusqu'à l'âge de sept ou huit ans, qui est, je le répète, l'époque où l'on pourra commencer seulement à les faire chanter, en ayant toujours soin de ne pas prolonger leurs exercices au delà d'un quart d'heure ou d'une demi-heure au plus.

En suivant la marche que je viens de tra-
cer, les organes vocaux acquerront tous
les jours plus de flexibilité et plus de force,
et on obtiendra facilement ce résultat d'autant plus rare qu'on se livre plus tardivement aux exercices du chant.

Au moment de la puberté, à cette époque intéressante et critique de la vie, où il
s'opère chez l'homme une grande révolution
et où les individus des deux sexes passent
de l'enfance à la jeunesse, le timbre vocal est
complètement changé, surtout chez les gar-
çons, qui perdent ordinairement une octave.
Ce moment délicieux et mélancolique où
nous éprouvons les premiers besoins d'ai-
mer, n'est pas fixé d'une manière précise ;
mais la voix prend alors un tout autre caractère ; elle devient tout à coup plus rauque,
plus grave et plus sourde. Ce changement
n'est pas ordinairement de longue durée, et
bientôt les sons vocaux ont acquis par leur
nouvel état plus de force et plus d'étendue ;

chez l'homme, le diapason de la voix baisse le plus souvent d'une octave ; chez la femme, au contraire, le changement est beaucoup moins sensible, et son timbre vocal, qui conserve toujours plus ou moins le caractère de celui de l'enfance a seulement gagné en vigueur et en sonorité.

A cette époque critique, il faut prendre les plus grandes précautions pour que l'exercice du chant ne détermine pas un affaiblissement des organes vocaux dont le développement se trouverait arrêté. M. Bennati a donné dans son mémoire sur la voix, des préceptes excellents sur les précautions à prendre à l'époque de la puberté. Comme nous n'aurions rien à ajouter à ce qu'a dit sur ce sujet le médecin que nous venons de citer, nous allons rapporter ici ce que nous avons extrait de son mémoire :

« Livré d'abord pour mon plaisir et par goût, dans un âge fort tendre, à l'étude du chant, je

possédais une voix de soprano très-caractérisée.
A l'époque de la mue qui m'atteignit à quatorze
ans, mon maître interrompit ses leçons pendant
plusieurs mois ; après cet intervalle, il remarqua
que ma voix avait baissé précisément d'une octave ; mais s'apercevant que je touchais encore,
quoique imparfaitement, quelques notes des plus
aiguës (qu'il appelait notes *di falseto*), il m'en-
gagea à les exercer graduellement et sans effort,
en me disant qu'elles finiraient par me procurer
un second registre, qui, bien que distinct, s'uni-
rait au premier, et accroîtrait de beaucoup mes
ressources.

« C'est à cette étude modérée que je dois le
développement de l'organe qui maintenant peut
marquer trois octaves.

« Ces observations ne seront pas inutiles pour
diriger les maîtres dans le chant, ainsi que les
enfants chez lesquels on trouve une prédisposition
au développement de l'organe de la voix. Après
avoir d'abord préparé l'ouïe de ces derniers à
goûter la musique, qu'ils étudieront mécanique-
ment, il convient, dès qu'on leur aura appris à

ouvrir la bouche et à lui donner la forme la plus favorable à la projection du son, de leur faire exécuter posément et dans un mouvement lent, non des gammes entières, mais seulement des intervalles disjoints qu'ils font raisonner sans efforts. On doit prendre bien garde de ne pas prolonger cet exercice au delà d'un quart d'heure ou d'une demi-heure au plus, chaque jour, selon la constitution des sujets, dans la crainte d'attaquer les moyens du soufflet ou le soufflet lui-même, c'est à-dire le poumon et ses dépendances, ce qui pourrait amener des résultats semblables à ceux que j'ai déjà signalés à l'occasion de l'exercice du chant pendant la mue.

« En suivant la marche que je viens d'indiquer, on dispose à se contracter spontanément sous l'influence de la volonté, les muscles, qui, parvenus à leur entier développement, n'auront que plus de flexibilité et de force.

« Cette souplesse et ce ressort sont précisément ce qui manque aux personnes qui se livrent tardivement à l'étude du chant ; les muscles laissés jusqu'alors dans l'inaction vocalisante et modulatrice, opposent à la volonté d'autant plus de résistance et de raideur, qu'ils ont atteint leur entier développement. Peut-être ces remarques devraient-elles être prises en considération par les directeurs et maîtres des conservatoires de musique, *à qui je ne doute pas d'ailleurs que la connaissance plus parfaite de l'appareil vocal, jointe à l'historique de la première éducation musicale des élèves, ne puisse être d'une grande utilité*, surtout pour discerner les sujets qui ont pour le chant une aptitude réelle. J'oserais presque affirmer que la disette de voix dont on se plaint avec raison, a pour première cause la direction antirationelle qu'on donne à l'organe des enfants, chez lesquels on faisait très-souvent avorter les plus heureuses dispositions organiques par des exercices non seulement prématurés et au dessus de la portée vocale de l'individu, mais encore, la plupart du temps, contraires à la vocalisation, qui a une spé-cialité modulatrice tout à fait distincte de celle qui appartient à un instrument inorganique. »

D'après ce que nous venons de rapporter, nous pensons avec M. Bennati qu'il est de la plus haute importance de ne faire

chanter aux jeunes élèves que des morceaux de musique qui soient tout à fait dans
la portée de leur voix et qui ne les exposent
pas par des efforts trop grands et trop prolongés à perdre les heureuses dispositions
qu'ils peuvent avoir pour le chant. Si certaines compositions musicales ont pu altérer la voix et même faire perdre tous les
moyens à des personnes dont la voix était
formée, à plus forte raison la musique du
même genre empêcherait-elle le développement des organes vocaux chez de jeunes
sujets faibles et délicats.

Comme l'étude et l'exercice habituel du
chant sont souvent suivis de dangers réels,
je crois qu'il convient que j'indique ici quelles
conditions on doit réunir pour que le chant
soit toujours compatible avec le maintien
de la santé ; il ne suffit pas qu'un chanteur
ait une voix pure et sonore, une oreille déli-
cate, une intonation juste, il faut encore
qu'il puisse joindre aux avantages que je

viens de citer celui d'avoir une poitrine bien conformée, des poumons sains et amples, facilement contractiles et expansibles; son cou doit être bien proportionné, c'est-à-dire ni trop court, ni trop grêle.

Lors même qu'on réunirait toutes ces conditions, il faudrait, comme nous l'avons déjà dit, se tenir toujours dans la portée et le caractère de la voix, et avoir soin de chanter toujours avec modération, en évitant d'aller au delà de sa force. Si un chanteur qui exerce beaucoup son art veut conserver longtemps son organe, il doit éviter avec soin tout écart de régime et mener une vie des plus régulières. Le chant pour être facile et pur, exige que l'estomac ne soit que peu rempli d'aliments, et que le ventre, la poitrine et le cou n'éprouvent ni gêne, ni compression. Si l'on ne présente pas la plupart des conditions que nous venons de signaler, l'exercice du chant peut avoir de fâcheux résultats : on ferait donc bien de l'interdire aux personnes qui sont loin d'avoir l'heureuse conformation d'organes que doivent avoir les chanteurs. Ceux qui n'offriront pas cette heureuse conformation, ainsi que les individus d'une constitution grêle, nerveuse, ou qui s'enrhument et qui toussent pour les causes les plus légères ; enfin, ceux dont les parents sont morts de phthisie pulmonaire ; toutes ces personnes, dis-je, doivent renoncer à prendre la profession de chanteur, de comédien, d'avocat, etc. Les exercices vocaux prolongés et fréquents qu'ils seraient obligés de faire, détermineraient bientôt chez eux une maladie qui est presque toujours au-dessus des ressources de l'art.

Si les parents et les professeurs de chant, soit dans les conservatoires de musique, soit en ville, observaient plus souvent les précautions que je viens d'indiquer, il y aurait moins de victimes de leur voix, et le manque de chanteurs distingués, à voix flexible et étendue, ne se ferait pas sentir tous les jours de plus en plus.

Lorsqu'un chanteur est doué d'une heureuse conformation et d'un organe vocal, pur, flexible et sonore, tous ses soins doivent tendre à le conserver dans toute sa pureté et sa souplesse.

Je viens donc rappeler en quelques mots les règles d'hygiène qui l'aideront à obtenir plus facilement cet heureux résultat, et je lui signalerai en même temps non seulement ce qu'il doit faire, mais ce qu'il doit éviter pour se soustraire à l'empire des causes qui déterminent les affections vocales les plus fréquentes.

D'abord, les personnes qui se livrent à l'exercice du chant, doivent encore plus que les autres éviter toutes les impressions d'une température froide, et ne pas se conformer à la puissance tyrannique de certaines mo-

des dont les femmes sont encore plus escla-
ves que nous. Malgré la rigueur des saisons,
elles exposent à l'action du froid leurs bras
et leur cou nus, et souvent on les voit frisson-
ner sous des vêtements si légers et si courts
qu'ils suffisent à peine à la pudeur. Ainsi
habillées, ces victimes de la mode se plon-
gent rapidement d'une atmosphère glaciale
dans un air chaud, ou repassent de ce dernier, souvent haletantes de sueur, dans une
température glacée; trop heureuses alors si
elles en sont quittes pour un rhume et l'alté-
ration de la voix. Mais souvent la mort
succède aux plaisirs; ou plus à plaindre encore, on voit de jeunes personnes traîner
péniblement le reste d'une existence mala-
dive, qui semble ne se prolonger que pour
leur laisser les plus tristes souvenirs.

Les chanteurs devront donc éviter les fâcheuses impressions du froid, d'autant mieux
que rien ne détermine plus facilement les
affections catarrhales des organes vocaux,

soit qu'il viennent frapper les surfaces muqueuses par l'inspiration de l'air ou la déglutition d'un liquide glacé, soit que, primitivement, il soit dirigé sur la périphérie cutanée.

Lorsque, par état, ainsi que les artistes dramatiques, on est forcé d'avoir plus ou moins longtemps quelques parties du corps découvertes, il y a certaines précautions à prendre qui diminuent de beaucoup la fâcheuse influence du froid. Ainsi, au lieu de rester auprès d'un feu vif jusqu'au moment de paraître sur la scène, on se contentera de se chauffer quelques instants seulement, et on tâchera de conserver cette chaleur artificielle en marchant et en faisant quelques mouvements; on aura en même temps le soin de couvrir fort peu les parties qui doivent être exposées à l'air froid, afin qu'elles y soient beaucoup moins sensibles lorsqu'elles seront plus directement en rapport avec lui.

Pour rendre également moins impres-
sionnable la membrane muqueuse bronchique, on entretiendra une légère excitation
à la peau, en portant des gilets de flanelle, on évitera le plus possible le froid et
l'humidité des pieds surtout; pour cela, on
se trouvera bien de faire usage de chaussons de flanelle, recouverts immédiatement
de chaussons de taffetas gommé.

L'usage des boissons chaudes, celui de
la pipe, les boissons alcooliques, les garga-
rismes de même nature répétés fréquem-
ment, l'inspiration du tabac, de la fumée
épaisse, de différents gaz, de la poussière,
etc., irritant la muqueuse bronchique et la
laryngo-pharyngienne, sont contraires aux
chanteurs et peuvent déterminer à la longue
un enrouement, ou même une aphonie complète. L'usage du tabac à priser est également nuisible à la beauté des sons vocaux,
surtout chez les basses-tailles, car il épais-

sit et irrite la pituitaire, et rend, ainsi que le coryza, la voix sourde et nasonnée.

Les chanteurs doivent aussi avoir le soin de ne faire usage que de cravates souples, d'un tissu mou ; ils doivent ne pas trop les serrer, car en comprimant le larynx, elles gênent la voix, surtout pour les notes basses. Chez les ténors et les soprani, elles peuvent causer subitement une attaque d'apoplexie, pendant la tenue d'un son aigu et prolongé.

Les ceintures abdominales peu serrées peuvent être utiles aux basses-tailles, qui sont plus disposés que les autres chanteurs à l'obésité.

Les frictions pratiquées de temps en temps sur la peau avec de la flanelle ou une brosse fine, stimulent la surface cutanée ; les bains russes, au commencent de l'hiver, combattent plus ou moins la tendance qu'ont

certains chanteurs aux affections catarrhales.

Il serait également bon d'avoir la précaution de ne chanter que quelques heures
après avoir mangé, parce que, lorsque l'estomac est distendu par les aliments, l'am-
pleur de cet organe s'oppose à l'abaisse-
ment du diaphragme, d'où il résulte que les
fonctions respiratoires ne s'exécutent pas
aussi bien.

De tous les excès, celui qui est le plus
nuisible aux chanteurs est sans contredit celui des plaisirs sensuels.

Les chanteurs devront également s'abs-
tenir de chanter en plein air, surtout le soir,
lorsque la température est froide et humide ;
l'oubli de ce précepte hygiénique aurait encore de plus graves résultats, si l'on chantait ou si seulement on parlait la face tour-
née du côté du vent.

Lorsqu'on sera forcé de sortir pendant l'humidité et une température basse, alors on aura la précaution de porter constamment son mouchoir devant la bouche et le nez ; de cette manière on respirera un air toujours tempéré, et on se soustraira à l'action irritante de l'air froid. Martin, notre célèbre chanteur, dont la voix admirable était si pure, si flexible et surtout si étendue, ne manquait jamais d'avoir cette précaution.

Autant l'exercice modéré du chant peut être utile par les mouvements qu'il imprime au système pulmonaire et à tous les muscles de la poitrine et de l'abdomen, autant son excès est nuisible. Ce que je dis de l'exercice de la voix modulée, s'applique également à celui de la voix articulée ; les règles sont à peu près les mêmes pour les chanteurs, les comédiens, les orateurs, les prédicateurs, etc., et en général pour ceux qui parlent souvent, avec feu et pendant un certain temps. Tous, surtout dans l'âge de l'adolescence où le système pulmonaire se développe, sont sujets aux crachements de sang, aux dilatations anévrismales du cœur et des gros vaisseaux, et aux maladies aiguës et chroniques de la poitrine et des organes vocaux proprement dits.

Ces accidents sont déterminés, le plus souvent, par la longue expiration qu'ils soutiennent et les inspirations profondes trop rares et trop brusques auxquelles ils sont astreints. Le grand art des chanteurs, est de savoir respirer à propos, et de ne jamais essayer par des efforts et des éclats de voix de dépasser l'étendue de leurs moyens et de leur puissance vocalisante.

J'ajouterai que ceux qui se livrent aux exercices de la voix, doivent le faire toujours avec modération, surtout dans les premiers temps, et qu'ils ne peuvent, sans de grands dangers, vouloir changer le genre de voix que leur a départi la nature ; ils doivent mener une vie sobre, user de tout et n'abuser de rien.

Pour terminer ce que nous avions à dire sur l'hygiène de la voix, nous ajouterons encore que l'exercice de cet organe, porté au delà de certaines bornes, peut être nuisible à la santé ; l'exercice du chant, lorsqu'il est modéré, peut calmer notre âme agitée, ranimer nos forces épuisées, relever notre courage ; enfin devenir une espèce de soulagement instinctif qui nous fait supporter nos peines et nos ennuis. Le matelot sur la mer, le voyageur dans sa route, le captif dans sa prison, enfin, le laboureur, l'artisan, le berger et le soldat chantent tous comme machinalement pour suspendre ou faire disparaître leur crainte, leur tristesse et leur fatigue.

Le but le plus naturel du chant est d'exprimer le plaisir et la joie, et c'est avec raison que Grétry a dit que le chant est pour l'homme, le signe de son parfait bien-être et de sa liberté ; partout, l'homme heureux chante et manifeste ainsi le sentiment vif du bonheur qu'il éprouve.

Le charme qui accompagne toujours le chant devrait suffire pour indiquer combien les personnes qui s'y livrent avec modération et discernement peuvent en retirer de nombreux avantages. Le premier de ces avantages qui consiste dans un mouvement salutaire imprimé à tout le corps doit être selon moi rapporté à la gymnastique et à l'hygiène ; envisagé comme exercice, le chant peut être utile dans une foule de circonstances, et surtout éminemment capable de fortifier les organes thoraciques et vocaux. Uni à la musique, il produit souvent de grands effets sur le système nerveux et peut devenir un agent thérapeutique dans une foule de maladies nerveuses. Oribaze, dans ses Collections, donne des détails utiles

et intéressants sur les bons effets du chant
pour prévenir, guérir ou soulager un grand
nombre de maladies, comme celles des poumons, les mauvaises digestions. Plutarque
pense que l'exercice de la voix peut contribuer à la santé du corps.

Celse vante son utilité dans les faiblesses
d'estomac. Celius Aurelius contre les dou-
leurs de tête, la manie, le catarrhe.

L'exercice modéré du chant peut être
également avantageux dans les affections
dont l'imagination est surtout fortement oc-
cupée, telles que les gastralgies et les gas-
tro-entéralgies ; en servant de distraction et
en dissipant l'idée de la maladie, on la fera
disparaître en partie. Un grand nombre de
faits prouvent que le chant joint à la musique
est de même très-favorable dans certaines
épidémies, surtout comme moyen prophy-
lactique, et l'observation que nous venons
de faire pendant l'épidémie du choléra, nous

prouve que les personnes qui s'occupent de
chant et de musique n'ont été que rarement
atteintes de ce terrible fléau.

Trop heureux si les conseils que nous
venons d'exposer rapidement peuvent être
utiles à quelques personnes! En les donnant
nous étions pénétré de l'idée que le médecin qui cherche à conserver la santé de ses
semblables, est pour le moins aussi utile que
celui qui guérit les maladies. C'est le cas
de dire avec Sénèque, que c'est un plus
grand service de soutenir quelqu'un qui est
sur le point de faire une chute, que de relever celui qui est tombé.

TABLE ANALYTIQUE

DES MATIÈRES

AVIS DE L'AUTEUR   V

CHOIX DE LETTRES   VII

CHAPITRE ADDITIONNEL

Du style dans l'interprétation de la Musique vocale.

Prologue. — But de l'Auteur. — Division des chapitres   XI

§ I.

De l'Articulation.

Prononciation vicieuse. — L'Ecole du son. — Les
vrais Chanteurs. — Ponchard, Levasseur. —
Manuel Garcia. — Le public complice des mauvais Chanteurs. — Remèdes. — Conseils   1

§ II.

De la Respiration réglée.

Recherche des endroits où l'on doit respirer. —
Comment on doit régler la Respiration.— Division. — Succès impossible sans la Respiration
réglée   17

§ III.

Du respect de la langue Musicale et des règles Mélodiques.

Considérations générales. — Poètes, peintres, musiciens. — Valeur des notes. — Maladresses.
— Cadences. — Rhythme. — Romance de la

Rose. — La Malibran. — Ecole de Choron. —
Plain-chant. — Palestrina et son Ecole. — Musique moderne de l'Eglise. — Mozart. — Anec-
dote. — Lesueur et Chérubini. — Raphaël,
Mozart et la Bohême. — Nécessité du travail.
— Conseils. — Erreurs des Artistes. — Espé-
rances de Réaction.   25

§ IV.

Considérations générales.

Gluckistes et Piccinistes. — Rossini. — Meyerbeer. — Verdi. — Le Conservatoire et son Comité. — Richard Wagner. — Don Juan à l'O-
péra et au Théâtre-Lyrique ; Roger, Meyerbeer et l'Oiseau bleu. — Amateurs dans une
fausse voie. — Ignorance générale de la lecture
musicale. — Les Orphéons. — Les Parents. —
Polkas et Romances. — Le Grand St-Bernard.
— Conclusion.   75

Hygiène de la Voix, par le docteur Colombat . .   97

Lyon. — Imprimerie du Salut Public. — Bellon, rue Impériale, 33.

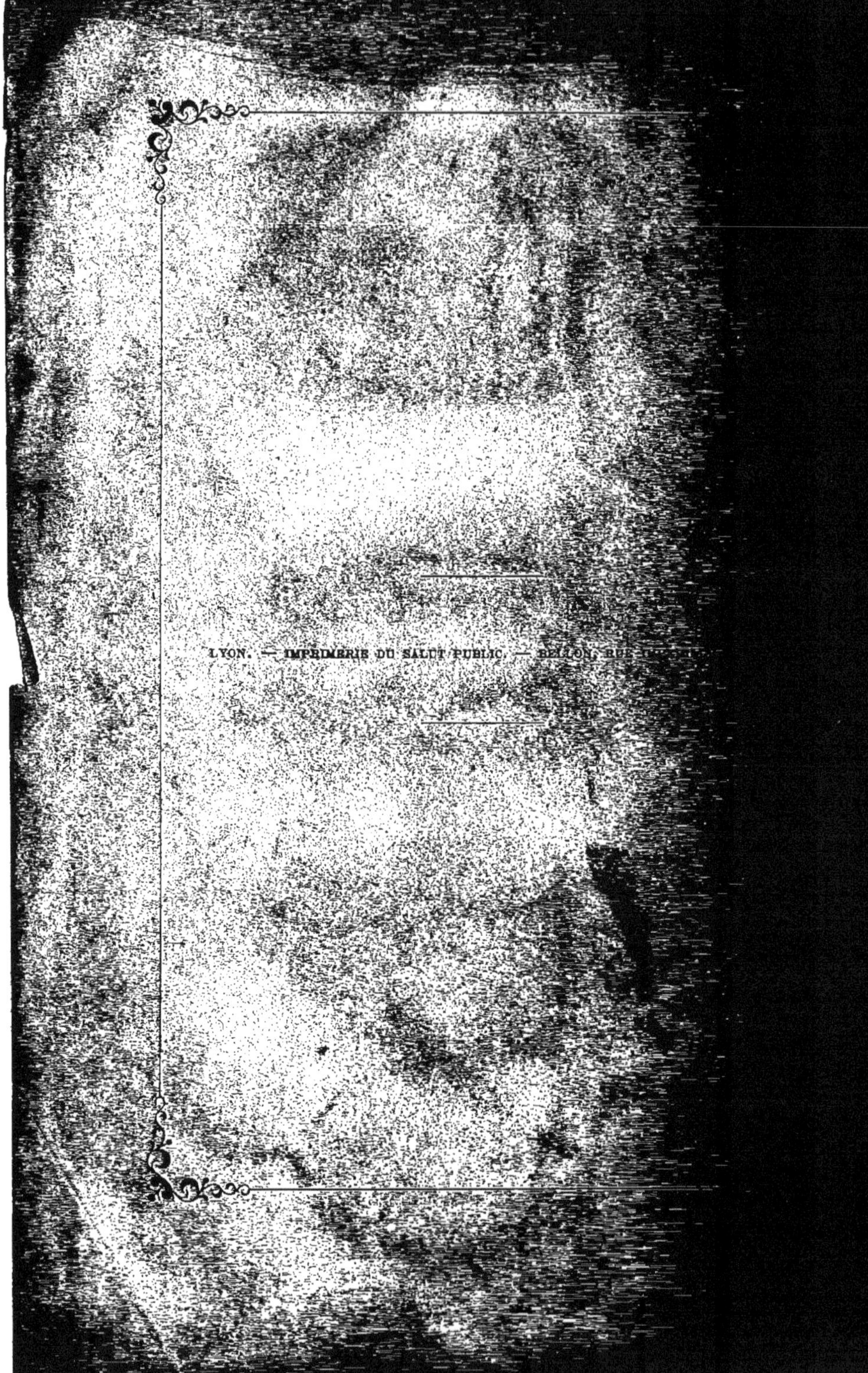

LYON. — IMPRIMERIE DU SALUT PUBLIC. — BELLON, RUE [illegible]

www.ingramcontent.com/pod-product-compliance
Ingram Content Group UK Ltd.
Pitfield, Milton Keynes, MK11 3LW, UK
UKHW022358090726
13658UKWH00002B/712